百鳥森林的音樂會

學習手冊

U0065239

孟瑛如、林妙　著

心理出版社

本學習手冊可單獨添購
意者請洽本公司

作者簡介

孟瑛如

新竹教育大學特殊教育學系教授。希望「融合之愛系列」繪本能讓大家看見孩子的特殊學習需求，讓孩子可以做最好的自己。

林妙

從1而終——二十五年來，沉醉於啟聰教育無法自拔。工作不2法門——讓聽障學生「看見聲音」。憑3寸不爛之舌——與眾多聽障學生的父母成為好朋友。參與「融合之愛系列」繪本創作，是想拋開聽力學的艱澀，擺脫助聽輔具的冰冷，用《百鳥森林的音樂會》繪本與學習手冊，讓讀者與聽障教育更接近。

目錄

學習手冊架構表

百鳥森林的音樂會：學習手冊	
編輯緣由	對聽覺障礙（以下簡稱「聽障」）孩子而言，聽力損失程度對說話清晰度有顯著的影響，但是根據多年的觀察，影響聽障孩子溝通動機強弱的關鍵不在於說話清不清晰、語句完不完整，而是在孩子本身的自信心與企圖心。 　　雖然聽障常常會伴隨語言障礙（以下簡稱語障），例如：語言發展遲緩、構音異常、語調異常等，但語障的成因很多，卻未必一定是肇因於聽障。 　　所以，說得很清晰才能傳情達意嗎？有些說話清晰度不是很理想的聽障孩子，當別人無法理解他的意思時，他會使盡渾身解數，比手畫腳來讓對方明白；反之，有些說話只有少許構音問題、語句完整度也極佳的聽障孩子，卻往往因為別人的一個眼神或多問一句，就不敢再進一步表達自己的想法。 　　所以我們一直想寫一個以聽障學生為主角的故事，那個說話說得不清晰、比手畫腳，卻仍勇於表達自己的主角，形象與模樣日趨清明。坊間大部分繪本較少與特殊教育有關，若有提到則多偏重敘述特殊需求學生的身心障礙特徵，較少觸及如何給予接納性的支持與系統性的策略，因著想讓各類型特殊需求學生在融合教育的思潮下，能在特教系統的支持下於求學路上得到適性教育，所以我們創作了「融合之愛系列」繪本及學習手冊，並寫下《百鳥森林的音樂會》這個繪本故事。 　　尋找象徵聽障特質的動物代表並不容易，所以我們將小白鶴和小烏鴉寫成是聽障者的化身，比手畫腳與音質沙啞象徵聽障者溝通模式的手語與口語，一般人常誤以為聽障者是在「無聲的寂靜世界」，其實戴上助聽輔具，殘存聽力能夠讓他們感知聲音，只是聲音品質不佳，無法像近視者戴上眼鏡般徹底改善聽損問題，所以聽障者需要用眼睛幫忙「聽」，用肢體動作幫忙「說」。選擇音樂會作為故事背景，則是想要藉由歌聲悅耳的鳥兒們烘托出唱歌對聽障孩子的困難之處。 　　配合《百鳥森林的音樂會》這個繪本，筆者另編製了本學習手冊，期望藉由手冊能讓聽障學生認識並悅納自己，也讓協助聽障學生的同儕能知道他們的身心特質與學習需求，並提醒父母與老師要找到聽障孩子的亮點，以正向態度支持他們。

使用說明	使用對象／目標涵蓋： 1. 繪本讀者：以故事結構分析、故事文本理解、故事延伸提問來增進讀者對繪本的理解。 2. 聽障學生：認識自己聽力損失的事實及學習策略等。 3. 同儕：能瞭解聽障同學的身心特質與學習需求。 4. 家長：能兼顧在家庭與在學校的角色，協助聽障子女適應良好。 5. 教師：能同理並滿足聽障學生的學習需求。 　　此外，在 2、3、4、5 四部分皆附有「心靈小語」，分別是「自我之旅」、「同儕之情」、「父母之愛」及「老師之恩」，藉由簡短精要的格言式文字，期能讓他們在溫暖的文字中，得到更多的智慧與勇氣。
繪本內容概述	百鳥森林中的小白鸛樂樂和小烏鴉嘎嘎，這兩個角色的靈感是來自聽障者的溝通模式。故事中並未特別交代樂樂和嘎嘎是聽障或語障，畢竟聽障經常伴隨語障，語障卻未必一定是肇因於聽障。不會發聲的小白鸛樂樂，擅長敲擊上下嘴及揮動羽翼，猶如使用手語的聽障者比手畫腳；小烏鴉嘎嘎能夠發出聲音但卻音質沙啞，就像有些慣用口語的聽障者口雖能說卻不完全清晰。兩者都因為沒有擁有悅耳動人的聲音，所以百鳥森林的音樂會表演從來不在受邀之列。 　　小白鸛樂樂的個性積極樂觀，不想因為他人既定印象而否定自己，一直懷抱夢想，期盼自己也能登上大舞台表演。直到有一天，百鳥森林發生大火，小白鸛樂樂和小烏鴉嘎嘎兩個家族救了大家，百鳥森林中的鳥兒們才重新肯定他們的存在價值。

引導單				
使用對象 繪本讀者	聽障學生	同儕	家長	教師
故事 結構分析 （1-1）	認識我自己 （2-1）	與聽障同學 溝通的五到 （3-1）	我是 優質父母 （4-1）	適性老師 就是我 （5-1）
參考答案 （1-2）	突破 學習困境 （2-2）	這樣才夠麻吉 （3-2）	父母入班 宣導計畫 （4-2）	聽障教育 Q&A （5-2）
故事 文本理解 （1-3）	我的 學習便利貼 （2-3）	物歸原主 按個讚 （3-3）	聽障學生家長 一定要做的 15 件事 （4-3）	給老師的 一封信 （5-3）
故事 延伸提問 （1-4）	心靈小語── 自我之旅 （2-4）	心靈小語── 同儕之情 （3-4）	聽障學生的 重要他人 （4-4）	心靈小語── 老師之恩 （5-4）
			心靈小語── 父母之愛 （4-5）	

註：表格內的編號即為引導單之編號。

故事結構分析

主角：這個故事的主角是誰？牠有什麼特別的地方？

▼

背景：這個故事發生在哪裡？發生在什麼時候？

▼

主要問題：故事開始的時候發生了什麼事？　◆▶　主角反應或感覺：

▼

事情經過：接下來故事發生了哪些事情？　◆▶

▼

故事轉折：後來故事發生了什麼變化？　◆▶

▼

故事結局：故事最後的結果如何？　◆▶

參考答案

主角：這個故事的主角是誰？牠有什麼特別的地方？
這個故事的主角是小白鸛樂樂，牠是一隻從不自我設限的白鸛鳥。

背景：這個故事發生在哪裡？發生在什麼時候？
這個故事發生在百鳥森林裡，正值百鳥森林一年一度的仲夏音樂會前夕。

主角反應或感覺：

主要問題：故事開始的時候發生了什麼事？
故事開始的時候，百鳥森林的鳥兒們都為了一年一度的仲夏音樂會而忙碌。

小白鸛樂樂很興奮。

事情經過：接下來故事發生了哪些事情？
1. 樂樂發現森林裡的大舞台布置得很漂亮，問爸媽那是怎麼一回事，爸媽都無奈而不答。
2. 好朋友嘎嘎告訴樂樂真相：白鸛家族與烏鴉家族都不在音樂會受邀之列。

小白鸛樂樂很納悶。

小白鸛樂樂很失望。

故事轉折：後來故事發生了什麼變化？
某天，百鳥森林夜間發生森林大火，嘎嘎和樂樂的家族奮力救了整個森林的鳥兒們。

嘎嘎和樂樂家族一個大叫、一個奮力敲擊，叫醒大家，齊力滅火。

故事結局：故事最後的結果如何？
森林的鳥兒們從此對白鸛家族與烏鴉家族印象改觀，並且邀請牠們參加明年的仲夏音樂會。

白鸛家族與烏鴉家族受到百鳥森林鳥兒們的重視，大家都很開心。

故事文本理解

1. 百鳥森林的鳥兒們都為了仲夏音樂會而忙碌，為什麼只有白鸛家族和烏鴉家族例外？

2. 對於自己家族沒有收到仲夏音樂會邀請卡的這件事，小白鸛樂樂和小烏鴉嘎嘎的態度有什麼不同？

3. 你認為小白鸛樂樂渴望站上舞台表現自己嗎？找出至少兩個證據支持你的看法。

4. 歷經森林大火後，黃鶯與冠羽畫眉分別有什麼樣不同於以往的感想？請依序寫出來。

5. 明年，加入白鸛家族和烏鴉家族的仲夏音樂會會是怎麼樣的情景呢？請你發揮想像力寫下並畫出來。

故事延伸提問

作者的話

> 百鳥森林中的小白鶴樂樂和小烏鴉嘎嘎，這兩個角色的靈感是來自聽障者的溝通模式。無法發聲的小白鶴，擅長敲擊上下嘴及揮動羽翼，猶如使用手語的聽障者比手畫腳；而小烏鴉能夠發出聲音但卻音質沙啞，就像一些慣用口語的聽障者，口雖能說卻不完全清晰。兩者因為沒有擁有悅耳動人的聲音，所以牠們不在百鳥森林音樂會的邀請之列……

1. 你覺得下列哪些是「百鳥森林的音樂會」這個故事的主旨？請勾選出來。

☐ 碰到危急的狀況，要能不慌不忙，靈活應變，才能度過難關，解決問題。

☐ 面對自己的與眾不同，不因他人的否定而退縮，要能勇敢追求夢想，發揮自己的亮點。

☐ 朋友之間要分工合作、彼此尊重、互信互愛，才能達到圓滿的結果。

2. 請在《百鳥森林的音樂會》一書中，選出一個你比較喜歡的角色，並將你想對牠說的話寫出來。

3. 在你成長的過程中，有沒有什麼被他人否定的經驗，你的感覺是什麼？你如何克服。

4. 從《百鳥森林的音樂會》這個故事，你學到什麼？請寫出來。

認識我自己

為了幫助你更瞭解自己，請你完成下表：

我的聽力：

	左耳	右耳
裸耳的聽力損失	＿＿＿＿分貝	＿＿＿＿分貝
配戴助聽輔具後的聽力損失	□助聽器 □電子耳	□助聽器 □電子耳
	分貝	分貝

◎ 我的聽力障礙類型：

　□傳音性障礙　□感音性障礙

　□混合性障礙　□其他（請註明）：

◎ 助聽輔具配用情形：□助聽器　□電子耳

◎ 我用什麼方法與他人溝通（可複選）：

　□口語　□手語　□筆談　□讀脣　□手勢／動作

　□其他＿＿＿＿＿＿＿＿＿＿＿＿＿＿＿＿＿

◎ 造成我聽力損失的原因是：

＿＿＿＿＿＿＿＿＿＿＿＿＿＿＿＿＿＿＿＿＿＿＿＿＿＿＿＿

＿＿＿＿＿＿＿＿＿＿＿＿＿＿＿＿＿＿＿＿＿＿＿＿＿＿＿＿

＿＿＿＿＿＿＿＿＿＿＿＿＿＿＿＿＿＿＿＿＿＿＿＿＿＿＿＿

◎ 畫出我的助聽輔具：

突破學習困境

你在學習方面是否曾遇到一些困境或問題阻礙你的學習呢？請勾選出來。

☐ 噪音干擾太大

☐ 座位安排不適當（不利於讀話與看清老師的表情）

☐ 教室光線不良（直射、背光或太暗）

☐ 老師說話速度太快

☐ 老師說話音量不適當（太大或太小）

☐ 老師上課多為講述，缺乏視覺線索（如圖卡、實物、動作示範、多媒體）

☐ 老師沒有配戴 FM 調頻系統麥克風

☐ 別人無法聽懂自己說的話

☐ 別人無法理解自己比的手語

☐ 找不到分組的組員

☐ 無法參與課堂討論

☐ 缺乏參與表現的機會

☐ 課程內容太難，無法理解

☐ 無法邊聽邊寫筆記

☐ 不知作業繳交的規定

☐ 其他 _____

化做行動

我的學習困境是……	誰可以幫助我？	我該如何解決？

我的學習便利貼

在學校裡，各種訊息稍縱即逝，總有一些短時間內無法掌握的內容，而當下請教別人可能會打擾別人，也導致自己無法繼續進行下一階段的學習，你可試著記下來，再來一個一個解決喔！

今天沒弄懂的學習內容

時間：　　年　月　日　時　分

地點：

科目：

授課老師：

我不懂的部分是：

今天沒弄清楚的事件

時間：　　年　月　日　時　分

地點：

□討論內容　　□規定事項

□廣播內容　　□其他

我不懂的部分是：

心靈小語——自我之旅

生命的真諦
不在於戰勝別人
而在於超越自己

不要把別人的幫助視為理所當然
對別人的幫助不但要心存感謝
更要適時回饋

聽障不該是藉口
如果害怕接觸人群
害怕開口
害怕說出自己的需求
將會失去許多學習的機會

用幽默化解尷尬
以寬容善解譏諷

與聽障同學溝通的五到

南宋朱熹曾經說過，讀書有三到：心到、眼到與口到。與聽障同學溝通則有五到，這五到是眼到、手到、耳到、口到與心到。

1. 叫聽障同學名字時，要在他的視線範圍內。
2. 等聽障同學視線與你交會時，才開始說話。
3. 大多數聽障同學習慣以視覺接受周遭訊息，應主動將事件的來龍去脈向他解說，避免其只用表象判斷事物而有誤差。

1. 不要在聽障同學背後叫他或對他說話，可輕拍其肩膀，以表示要找他。
2. 可以多用手勢、身體動作、自然表情幫助溝通。
3. 聽不懂聽障同學說話時，可以使用筆談。
4. 聽障生需要鄰座同學提醒他，為他指出老師教到哪裡，或翻閱哪一頁、哪一張講義。
5. 聽障同學若要邊看老師邊作筆記十分困難，不妨借筆記給聽障同學，協助其學習更順利。

 **耳到**

1. 聽障同學可能說話說得不夠清晰，耳聰同學要以最大的耐心聽他說話，並多給予鼓勵。

2. 戴了助聽器之後，聽障同學對噪音會較敏感，因此上課時除了接收老師或同學發言的聲音外，無法容納太多雜音，所以請降低學習環境的噪音。

3. 不要在聽障同學耳邊大吼大叫，助聽器擴大聲音後會非常刺耳不舒服。

 **口到**

1. 和聽障同學說話時，要以正常速度說出，不宜太快。說話時力求語音清晰，不必過度誇大脣形或過度放慢速度。

2. 不要邊吃東西邊說話，也不要留鬍子。和聽障同學說話時，儘量保持口無任何遮蓋的狀況，讓他能看到你的脣形和表情，以方便其讀話。

3. 在溝通過程中，多問問聽障同學：「剛剛說的內容，你明白嗎？」不懂時再說一次，或用其他方式換句話說。

 心到

1. 看待聽障同學如一般同學，不需要過度的保護他，也不要有歧視的心理。

2. 以同理、接納的態度對待聽障同學，主動邀請聽障同學參與活動，關懷聽障同學的需求。

這樣才夠麻吉

如果班上有聽障同學，請注意下列細節，可以讓他學習更順利喔！

團體討論時	➡	發言的同學要自動面向聽障同學
廣播時	➡	幫忙轉述廣播內容和重點
上課時	➡	提醒此刻進行到什麼段落
需要邊聽邊寫筆記時	➡	以複寫紙方式為他抄一份
活動時間、場地變更時	➡	轉知聽障同學知道
聽障同學無法理解我們說話時	➡	換句話說、或是善用肢體語言或筆談
我們無法理解聽障同學說話時	➡	請他再說一次或寫下來

物歸原主按個讚

　　以下是聽障同學最親密的貼身好友，價錢昂貴，對他們極為重要，遊戲時請勿碰撞拉扯，如有拾獲，請送至學務處或資源班（啟聰班），謝謝！

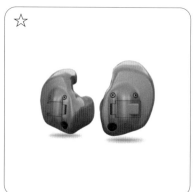

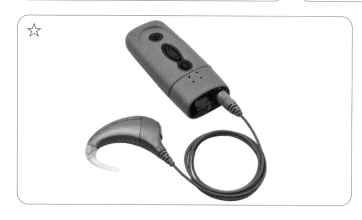

圖片來源：☆科林國際助聽器股份有限公司提供
◇利凌科技股份有限公司提供

心靈小語──同儕之情

戴上助聽輔具
不代表他已恢復聽力

聽得到不代表他聽得清楚
聽得清楚不代表他聽得懂

會說話不代表他能說得清晰
頻頻點頭不代表他完全都懂

雖然他聽得不好
但是他樂意參與任何活動

我是優質父母

主動提供孩子的資料給老師，讓老師更瞭解您的聽障孩子。

項目	內容			備註
		左耳	右耳	
聽力狀況	裸耳的聽力損失	（　　　）分貝	（　　　）分貝	
	配戴助聽輔具後的聽力損失	□助聽器　□電子耳 （　　　）分貝	□助聽器　□電子耳 （　　　）分貝	
聽障類型與成因	聽障類型： □傳音性障礙　□感音性障礙　□混合性障礙 □其他（請註明）：_____ 聽障成因：_____ 發現障礙年齡：_____歲			
溝通能力	主要溝通方式： □口語　□手語　□筆談　□讀脣　□手勢／動作　□其他：			
學習經驗	A.學前階段 　(1)曾接受早期療育（三歲之前）　□無　□有，服務內容：_____ 　(2)曾接受學前服務（三～六歲） 　　　□無　□有，普通幼兒園：_____ 　　　　　　學前特教班：_____ 　　　　　　其　　他：_____ B.國小階段 　(1)接受普通教育（全部時間）：_____國小 　(2)接受特殊教育服務類型：_____國小，____（班／巡迴服務／特教方案） 　(3)暫緩入學一年：□無　□有 　(4)延長修業年限：□無　□有，_____年			
相關專業團隊服務	相關專業團隊服務： □無 □有：□物理治療　□職能治療　□語言治療　□聽能訓練 　　　□心理治療　□其他：_____ 　　　接受專業團隊或醫療服務的學校（機構、醫院）：_____ 　　　起訖時間：_____			
學習需求	□老師配戴 FM 調頻系統麥克風 □座位調整安排（適合安排在_____） □聽寫測驗（□配合讀脣　□增加播放次數　□以其他考試替代　□其他：__） □同儕小老師　□手語翻譯　□提醒　□其他：_____			
優勢能力	孩子最擅長或喜歡的科目／事物是_____ 孩子個性最大的優點是_____ 孩子在班上最能幫忙做的事情是_____			
其他				

父母入班宣導計畫

為了讓孩子在普通班適應得更好，入班宣導是必要的，宣導的參考內容如下：

宣導大綱	參考要項	我的孩子狀況
認識聽力損失	□損失原因 □損失程度	
認識助聽輔具	□助聽器 □電子耳 □FM 調頻系統 （功能、價位、保養……等）	
聽障者溝通的方式	□口語　□手語 □筆談　□讀脣 □手勢／動作 □其他：＿＿＿＿＿	
聽障者的特質	可能會有： 　□構音的異常 　□抽象詞彙理解困難 　□閱讀理解能力較低 　□文句顛倒 　□其他：＿＿＿＿＿	
聽障者生活上的不便	必須拿下助聽輔具： 　□洗澡 　□游泳 　□睡覺 生活輔具： 　□震動鬧鐘 　□門鈴閃光器 　□火警閃光器 　□其他：＿＿＿＿＿	
與聽障者溝通原則	□說話保持視線的接觸 □說話速度放慢，咬字清晰 □適時加上肢體動作 □提供關鍵字或圖像 □其他：＿＿＿＿＿	
其他建議：展示孩子的助聽輔具、介紹聽障的相關繪本、聽障子女的成長故事、照顧聽障子女的心路歷程、有獎徵答小禮物……等。		

聽障學生家長一定要做的 15 件事

1. 選配最適合孩子需求的助聽輔具。

2. 教導孩子正確使用和維護助聽輔具的方法。

3. 遵照醫囑定期帶孩子做聽力檢查。

4. 每天測試孩子助聽輔具的功能，檢查聲音品質是否良好。

5. 接受語言治療師或特殊教育教師的訓練時，能在一旁觀察和學習，並在家中延續訓練目標。

6. 帶領孩子從日常生活中體驗、認識、分辨各種聲音。

7. 每天陪伴孩子閱讀，培養孩子獨立閱讀的能力。

8. 主動將聽障孩子的狀況及需求告訴周遭親友、老師及孩子同學。

9. 拓展孩子的生活經驗，並將孩子的經驗與文字或口語做連結。

10. 找出孩子的興趣及優勢能力。

11. 具體告訴孩子，他在哪些方面做得很棒，給予信心並可精益求精。

12. 深諳口語教學技巧，別排斥學習手語。

13. 接納孩子的限制，肯定自己的付出。

14. 加入聽障家長協會，尋求成長與分享。

15. 訓練孩子獨立，懂得適時放手。

聽障學生的重要他人

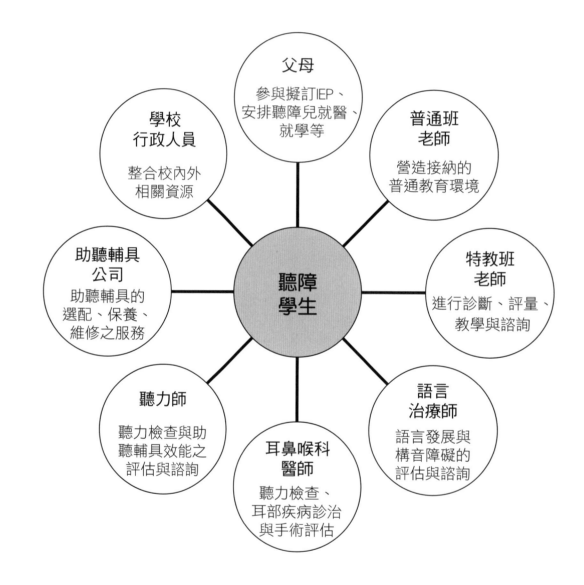

心靈小語──父母之愛

助聽器只能擴大音量
聽能則須藉由學習獲得

讓「聲音」在聽障孩子的生活經驗中
變得美好且有意義

聽語訓練猶如和時間賽跑，一刻都不能等
期待孩子能開口說話，總在下一個轉彎處

手語與口語不該互相對立
才能讓聽障孩子如虎添翼

對孩子合理的期望就不會失望
對明天正向的盼望才不會絕望

適性老師就是我

基本檢測

下列檢核表可以幫助老師瞭解自己在聽障學生需求上是否達到適性老師的水準。

向度	檢核內容	YES	NO
環境方面	我知道要將聽障學生的座位安排在遠離空調、走廊、馬路、遊樂區等噪音來源的地方。		
	我要努力經營常規良好的班級，營造寧靜的課堂環境，避免產生噪音而干擾聽障學生聽取的品質。		
	我知道要為聽障學生安排在優耳（聽得較好的一耳）靠近老師的座位。		
溝通方面	我知道說話要面對聽障學生，並等他看到我的臉之後才開始說話。		
	我說話要把速度放慢，咬字要清晰。		
	對聽障學生我要使用簡短完整的句子。		
	當聽障學生聽不懂時，我要換句話說。		
教學方面	我知道不要背對聽障學生一邊講解，一邊抄黑板。		
	上課時我會配合主題寫關鍵字。		
	我會用書面傳達交代事項。		
	我會為聽障學生安排同儕小幫手。		
	課堂上我會隨時抽問，確認聽障學生是否跟上進度。		
	我會預告下次的教學活動。		
輔具方面	我知道助聽輔具是昂貴的電子科技產品。		
	我會指導班上同學多加小心，不要拉扯碰撞聽障學生的助聽輔具。		
	我知道助聽輔具要避免潮溼、淋雨、碰撞及陽光直射、高溫等。		
	我知道如果能配合配戴 FM 調頻系統，能提升聽障學生聽的品質。		

得分情形

勾選 YES 達 15 個以上：您是聽障學生最適性的老師，聽障學生在您的教導下，一定可以如魚得水，宛如置身天堂。

勾選 YES 達 10～14 個：對聽障學生來說，您足以適任，但有些細節要再留意會更好喔！

勾選 YES 達 9 個以下：光有愛心還不夠喔！您需要對聽障學生的需求有更多瞭解，可以和學校特教老師聯繫做進一步的瞭解。

錦囊妙計 1

如何增進聽障學生對上課內容的理解？

> (1) 上課前告訴學生即將要上的主題是什麼。
>
> (2) 上課前讓學生預習新詞彙。
>
> (3) 用黑板或 PPT 寫大綱。
>
> (4) 將關鍵字、新詞及更換的主題寫在黑板上。
>
> (5) 多利用圖畫、圖表與講義。
>
> (6) 必要時用自然手勢輔助。
>
> (7) 如果課程中要用到影片，事先將影片大綱發給學生。
>
> (8) 如果老師針對影片或投影片有說明，臉部要有足夠的光線。

聽障學生聽不懂時，可以怎麼做？

> (1) 如果說一次無法理解，就再說一次，如果仍不明白就換個方式說，再不懂，請為他寫出來。
>
> (2) 寫出來之後，最好口頭上再說一次，讓他能再一次以讀話方式看懂這個語詞或這個句子。

聽障學生在教室外的學習要注意什麼？

(1) 在體育課與校外教學等戶外活動時，隊伍散開前，一定要先將需交待的話一次說完。

(2) 對聽障學生的安全要特別注意，可以採用夥伴制，找一個可靠且細心的同學陪在旁邊，平日培養聽障學生的安全意識以及事前做好安全演練是更好的策略。

聽障學生的作業安排要注意什麼？

依聽障學生的學習狀況調整學習內容，如分段學習、減低作業難度、減少作業份量等。

聽障學生的評量方面要注意什麼？

依聽障學生之需求，提供手語翻譯、同步聽打員、聽力考試真人報讀服務、延長考試時間等。

聽障教育 Q &A

是不是每個聽障者都會手語？

並不是每個聽障者都會手語，在聽障的人口中，有的以口語為主、有的以手語為主，也有的以筆談為主。當然也有口語、手語與筆談多者併用的人。

我要如何與聽障學生溝通？

您毋須擔心不會手語，您可以用口語輔以自然的肢體語言，甚至筆談、畫圖等方式來溝通。說話時要面對面，說話速度可以稍微放慢，句子避免過長或是過於複雜。

是不是戴上助聽器或植入人工電子耳就可以聽得很清楚？

戴上助聽器或植入人工電子耳雖聽得到聲音，但和聽力正常的人聽到的聲音仍不盡相同。助聽器不比眼鏡，近視或遠視的人戴上眼鏡便可將事物看得一清二楚，聽障者所戴的助聽器只是幫忙把聲音放大而已，並不會把聲音變得更清楚，至於聽到的聲音是代表什麼意義，是需經過反反覆覆不斷練習配對才能將聲音和意義加以連結。所以聽障生要接受聽能訓練、說話訓練等；對聽障生而言，聽得到不等於聽得清楚，聽得清楚不代表聽得懂。

是不是我說話愈大聲，聽障學生就聽得愈清楚？

聽障者雖然聽取有困難，但對噪音的容忍度卻比耳聰者更差，尤其戴上助聽器之後，更容易受噪音干擾，因此不論居家、上課、就業的環境都應考慮噪音的問題。一般人認為聽障者不怕吵是不正確的，說話聲音過大，是會讓聽障者覺得刺耳和不舒服的。

聽說助聽器和人工電子耳都很昂貴，價錢大約是多少呢？

助聽器與人工電子耳的費用都很昂貴，不同的性能與廠牌差異也很大，一般而言，助聽器約和摩托車一樣貴，而植入電子耳整個費用大約等同一部車子，而且不包括使用過程的耗材及零件更換。

◗聽障者就是以前俗稱的「啞巴」嗎？

以前的聽障者被稱之為聾啞，是因為完全用手語方式溝通，造成失去說話的練習，久而久之不說，而被認為是聾必啞。事實上，有聽障不一定啞，只是人類學習語言是經由耳朵聽到聲音，再經模仿而後有語言的產生，而聽障者的說話發音之所以不清晰、語調錯誤，是因為他們聽到的聲音品質不佳，也無法回饋校正自己的發音所致。聲音是否清晰取決於聽障者的聽覺系統是否對聲音中的某些訊號有敏感度。

◗聽障學生為什麼不讀啟聰學校而要讀一般學校呢？

因為在一般學校有較良好的口語學習環境，提供聽障學生更優質的語言刺激環境，讓他們有更多機會和聽覺正常的人溝通，以利未來在社會上的適應。

◗聽障學生因為聽力損失，在班上是不是該給他們特殊待遇呢？

對他們的期望要和對班上其他學生一樣，也就是說，聽障學生一樣要交作業、要負責任、要遵守班上的規章。

給老師的一封信──認識 FM 調頻系統

親愛的老師：

我是〇〇〇，是您班上的聽障學生，大家都認為我戴上助聽器後，就能夠聽得非常清楚，其實並不然！

因為助聽器就像個迷你擴音機，會將周遭所有的聲音訊號都放大，像教室的電風扇、桌椅碰撞聲、同學說話聲、教室外的汽車聲……等，都常讓我分心，所以我常在眾多吵雜聲音干擾下，聽不清楚您上課的內容。

還好有 FM 調頻系統的發明能夠幫助我們聽障學生，如果老師您戴上 FM 調頻系統的麥克風（發射器），您說話時就會直接透過麥克風將聲音訊號傳送到我的接收器，接收器收到後就會傳送到我的助聽器中，將聲音放大後讓我清楚聽到。

透過 FM 調頻系統，您就猶如在我的耳邊說話，不論您走到哪個角落，聲音品質都一樣好，教室周遭的噪音也不再干擾我，以前教室的聲響讓說話的聲音重疊、模糊的情形也改善了。

老師，您是不是願意每節課都為我戴上 FM 調頻系統的麥克風呢？在此先謝謝老師。

敬祝　教安

聽障學生〇〇〇　敬上

心靈小語——老師之恩

老師的態度
決定聽障學生同儕看他的角度

父母的格局
左右聽障孩子日後發展的結局

助聽器再怎麼進步
尚無法解決空間距離削弱聲音的問題

同理心再怎麼不易
卻可以縮短心理距離消弭障礙於無形

融合之愛系列 67016

百鳥森林的音樂會：學習手冊

作　　者：孟瑛如、林妙

執行編輯：高碧嶸

總　編　輯：林敬堯

發　行　人：洪有義

出　版　者：心理出版社股份有限公司

地　　址：231 新北市新店區光明街 288 號 7 樓

電　　話：(02)29150566

傳　　真：(02)29152928

郵撥帳號：19293172　心理出版社股份有限公司

網　　址：http://www.psy.com.tw

電子信箱：psychoco@ms15.hinet.net

駐美代表：Lisa Wu（lisawu99@optonline.net）

排　版　者：龍虎電腦排版股份有限公司

印　刷　者：辰皓國際出版製作有限公司

初版一刷：2016 年 7 月

全套含繪本及學習手冊，定價：新台幣 250 元

學習手冊可單獨添購，定價：新台幣 50 元

■有著作權‧侵害必究■

百鳥森林一年一度的仲夏音樂會就要來臨了，白鸛家族和
烏鴉家族為什麼沒有參加音樂會呢？渴望登台表演的小白
鸛樂樂又會發生什麼樣的轉折呢？

心理出版社網站
http://www.psy.com.tw

ISBN 978-986-191-728-3

9 789861 917283

（全套含繪本及學習手冊）